# NOTICE.

Dans cinq numéros du *Journal d'Aire*, du 22 septembre au 24 novembre 1843, a paru l'essai de cette *Notice*. Nous la publions aujourd'hui presque entièrement changée, beaucoup moins incomplète, et surtout plus exacte que nous n'avions pu la produire d'abord.

*Aire, juillet* 1844.

# NOTRE-DAME PANETIÈRE.

### Notice historique Airienne,

**Par M. Jules Rouyer,**

DE LA SOCIÉTÉ DES ANTIQUAIRES DE LA MORINIE, ETC.

**Douai,**
ADAM D'AUBERS, IMPRIMEUR.

1844.

# NOTRE-DAME-PANETIÈRE.

## NOTICE HISTORIQUE.

Au douzième siècle, au milieu de la misère et des maladies contagieuses que la guerre engendrait en Artois, naquirent dans plusieurs villes de la province, et du mal même, des associations pour le combattre. Le pauvre, dès lors, fut secouru plus efficacement que ne l'eût comporté la stricte observation des bans communaux, et le pestiféré trouva mainte fois dans les membres de ces associations de dévouemens, les consolations et les soins qui lui avaient manqué dans sa propre famille. Soit qu'elles se proposassent l'un, ou qu'elles se proposassent l'autre des deux buts que nous venons d'indiquer, ces confréries reçurent un nom qu'elles méritaient à de justes titres; on les appela *Charités*. On cite pour le merveilleux de leur origine, et pour leur célébrité, celle de Notre-Dame-des-Ardents, d'Arras, et celle de Saint-Eloy, de Béthune[*].

---

[*] *Histoire de la Sainte-Chandelle d'Arras*, par Gazet; Arras, 1598. Annotations de Collart au *Journal de la Paix d'Arras* (1435); Paris, 1631. — *Histoire de la Confrérie des Charitables de Saint-Eloy, de Béthune*, par le père Deslions, onzième édition; Douay, 1709.

Nous ne savons si l'on doit rapporter au même siècle l'origine obscure de la confrérie d'abord érigée dans l'église de Saint Pierre, d'Aire, sous le nom et sous le patronage de l'Assomption de la Vierge. Rien, du reste, n'en prouve l'existence positive avant 1226, date d'un acte par lequel un chanoine d'Aire donne à la Confrérie une rente annuelle de deux chapons *. Ce serait se tromper que de croire que cette rente ne pût servir aux confrères que pour célébrer leur fête dans un gai festin ; le chapon était en quelque sorte une monnaie de compte, en ce sens que, d'une appréciation fixe dans un même lieu, il se payait plutôt en argent qu'en nature, se divisant avec les biens qui en étaient chargés, de manière qu'il n'est pas rare de rencontrer, dans les actes, des redevances d'un quart et même d'un huitième de chapon.

La chapelle de l'Assomption doit être aussi ancienne que la Confrérie, et pourtant il ne paraît pas exister de titre qui la fasse connaître avant 1255. S'il faut en croire un manuscrit du dix-huitième siècle, de la bibliothèque d'Aire**, des lettres de cette année et des années suivantes,

---

* *Mémoires concernant la ville d'Aire*, écrits en 1669. L'auteur de ce manuscrit, dont le nom nous est inconnu, paraît bien plutôt avoir voulu faire connaître l'histoire de l'église collégiale que celle de la ville, à laquelle il consacre pourtant quelques pages. Il n'est point né à Aire, mais il y demeurait. « Je dois, dit-il, au lieu de ma résidence autant qu'à celui de ma naissance ». Il était incontestablement chanoine, son ouvrage reposant sur une grande quantité de titres de la Collégiale, titres qu'il analyse souvent. Nous ignorons le sort du manuscrit original des *Mémoires*; nous ne les connaissons que par deux copies dont la plus ancienne est de 1785.

** N° 347 *bis* du catalogue. C'est un manuscrit dont les principaux élémens, en ce qui concerne l'histoire de notre ville, ont été, sinon composés, du moins mis en ordre et écrits en 1764. Beaucoup de notes y ont été ajoutées postérieurement.

passées en faveur de cette chapelle, étaient rapportées dans un terrier anciennement exécuté par Jacques de la Viefville, doyen du Chapitre d'Aire[*]. Ces titres, ajoute le manuscrit, indiquent plusieurs biens qui ont été donnés à cette chapelle, mais aucun d'eux ne fait mention de sa fondation. Que conclure de là ? Qu'il se peut très-bien que le chapelain, en même temps vicaire des chanoines, ait d'abord été payé de ses offices par les confrères, et que la dotation de la chapellenie ne se soit formée que peu à peu, et par des legs successifs[**].

Les inventaires de la Confrérie font connaître qu'elle conservait : « Unes lettres et bulles données de plusieurs
» archevesques et evesques jusques au nombre de xj. les-
» quelx y ont athachiet leurs seaulx en lais de soie et en
» chire vermeil. Et avec les dessusd[s]. archevesques et
» evesques y a une anexe donnée de reverend pere en Dieu
» Engeram evesque de Terwanne selée de son seel en chire
» verde, datte de l'an mil iij[e]. xxj, des indulgenses et par-
» dons a tous ceulx qui visetront le cappelle et carité de
» n[re] dame. Datte led. bulle et indulgence dudit an mil

---

[*] Jacques de la Viefville était déjà Chanoine d'Aire en 1443; il mourut en 1477 ou 1478. (Archives du Chapitre d'Aire; Registres aux actes du Chapitre, tome 1er.)

[**] Bien qu'il paraisse certain que la Chapellenie de N.-D.-P. et la Confrérie de ce nom aient eu des rapports d'affinité pendant quelques temps, nous n'en avons jamais trouvé de bien frappans jusqu'ici. Cette Chapellenie reçut au seizième siècle le nom *vulgaire* d'Ancienne Panetière, que le Chapitre paraît n'avoir voulu adopter qu'à la longue, et dont nous ne nous sentons pas en mesure d'expliquer indubitablement l'origine, non plus que les recommandables antiquaires que nous avons consultés sur ce point. Nous préférons attendre la découverte de quelques nouveaux documens, avant que de hasarder une opinion. Pour ne plus avoir à nous occuper maintenant de ce bénéfice, nous dirons de suite qu'on garde des preuves de son existence jusque vers l'époque de la Révolution, et qu'il était à la collation du Chapitre d'Aire.

— 8 —

» iij$_c$. et xxj*. » On sait combien étaient encore rares alors les indulgences. Celles-ci ne durent point peu contribuer au bien-être de la Confrérie, à l'accroissement de ses ressources, et enfin à la dévotion envers le signe de ralliement des confrères, envers leur *imaige*.

Une tradition déjà accréditée en 1669 apprenait que les charitables de l'Assomption de la Vierge avaient changé le titre de leur association en celui de Confrérie ou charité de Notre-Dame-Panetière, à cause de certaines distributions de pain qu'ils faisaient**. L'auteur du précieux manuscrit que nous suivons ici n'apporte point de preuves antérieures à 1460, de la nouvelle dénomination, qui est toutefois d'une date beaucoup plus reculée. Le témoignage en existe dans les nombreux titres de propriété de la Confrérie, conservés dans les archives du Chapitre d'Aire. On y trouve des lettres pardevant les maire et échevins d'Aire, du 28 octobre 1586, dans lesquelles Jehans Broutin et sa femme Maroie Dache, ayant demandé à être reçus dans la *Confrarie nre dame, as us et coustumes des aultres confreres*, les prévôt et confrères acquiescent à leur proposition moyennant neuf deniers parisis de rente annuelle. On y trouve encore d'autres lettres pardevant les maire et échevins d'Aire, du 14 novembre 1401, par lesquelles Robiers de Liestes et Margherite de Noielle, sa femme, donnent pour Dieu et en aumône à la *Confrarie nre dame panetiere de l'eglise saint pierre d'Aire*, cinq sols dix de-

* Archives du Chap. d'Aire. *Répertoire des lettres appartenans a la Confrairie n$^{re}$ Dame Panetiere, fait au mois de juillet* 1471.
** *Mémoires* manuscrits, de 1669, déjà cités dans les notes.
Les comptes de la Confrérie rendus dans la première moitié du quinzième siècle, les plus anciens de ceux que l'on conserve, sont loin d'être hostiles à cette tradition. Mention est faite, dans celui de 1440, *du pain donné pour Dieu, que on soloit défalquer es comptes precedens en recepte de blé*.

niers parisis de rente annuelle, à payer au prévôt de ladite Confrérie ou à son suppléant\*. Ce fut donc entre 1386 et 1401 que la Confrérie ou Charité *Notre-Dame* commença de s'appeler Confrérie ou Charité *Notre-Dame-Panetière*, et il est présumable qu'elle fut conduite à cette innovation par l'établissement qui se fit à Aire d'une Confrérie de *Notre-Dame du Joyel*, qui prit sa source dans la dévotion envers un cierge formé de la Sainte Chandelle d'Arras, cité par Hennebert dans son histoire d'Artois\*\*. Les panetiers étaient des officiers préposés à la surveillance et à la distribution du pain, dans les maisons royales et princières ; on appelait encore panetiers, paneters, les boulangers\*\*\* : nous laissons au lecteur le soin de faire des rapprochemens. Ajoutons qu'en adoptant un nom nouveau, la vieille Confrérie débaptisée ne paraît pas avoir rien changé à ses fêtes, et que celle de l'Assomption resta toujours la principale.

En ce jour de l'Assomption, comme dans les autres solennités de la Vierge, la statue de la Confrérie, qui repré-

---

\* Arch. du Chap. d'Aire. Liasses 310 et 312.

\*\* Tome II, p. 222. — La Confrérie de N.-D. du Joyel d'Aire n'a laissé que bien peu de vestiges. Voici, à notre connaissance, le document le plus intéressant qui en soit resté :

« Le xxvij.e jour dapvril 1496, vindrent en chapitle mahieu porée
» pierre de dohen et pierre hernu bourgois de ceste ville, gouverneurs
» de la carité nre dame du joel, et requirent que les messes de devo-
» tion qui se porroient a cause dud. joyau se pussent celebrer par les cha-
» pelains fondez en la halle, ou leurs commis ; ce que messrs. leur ont
» accordé tant qu'il leur plaira a leur bon plaisir et non autrement,
» pourveu que par chacun an, au jour que ledit joyel se porte par la
» ville a procession ils apporteront et mecteront en ceste eglise au de-
» vant du precieux chief de monsieur St. Jacques un chierge de cire
» pesant deux lib. ou plus a leur discretion. Et ainsi l'ont promis faire. »
( Archives du Chapitre d'Aire. Registres aux Actes, tome II ; Cartulaire de 1573, connu sous le nom de *Collectanea* ).

\*\*\* V. Dictionnaire de Lacombe et Glossaire de Roquefort.

sentait Marie tenant l'enfant Jésus, était ornée de riches vêtemens. Au milieu du quinzième siècle, sa parure par excellence consistait, pour la mère, indépendamment de quelques bijoux, en une cotte de drap de damas de couleur sanguine claire, parsemé de feuilles d'or; on passait au col de l'enfant une cotte de même étoffe, à laquelle étaient attachés trois amulettes de vermeil à l'effigie de Notre-Dame-de-Boulogne*.

Un jour, en 1484, un expert préposé par l'Echevinage d'Aire, à la vérification des bières, commit une contravention dans la gestion de son emploi. L'Echevinage, en ayant été informé, rendit la sentence suivante, que nous rapporterons en entier, en considération de son importance :

« Sur ce que Jehan Hure, estant de l'eward des cer-
» voises, avoit, avec ses compaignons eswardeurs**,
» raportés en amande Pierre Ricamme brasseur de cer-
» voise, pour avoir vendu un brassin de cervoise sans
» eswardé ou congier d'eswardeurs, lequel Pierre est venu
» devers Messieurs en halle, remonstrer que combien que
» lesdits eswardeurs eussent fait ledit rapport, toutes
» voies si avoit-il eu congiet dudit Hure de vendre ladite
» cervoise; pour quoi il requerroit estre excusé de ladite
» amende. Sur quoi ledit Hure a esté interroguiet par
» serment, qui a déposé avoir donné ledit congiet, et
» neanmoins il avoit signé ledit rapport. Pour quoi et par
» la faulte et abus par lui en ce comis, il a esté ce jour-
» d'huy par Messieurs privé a toujours dudit esward, et
» condamné pour reparation, eu regard a son anchien-
» neté, povreté et debilitation de corps, de sens et d'en-

---

\* Comptes de la conf. N.-D.-P., de 1449, 1459, etc.

\*\* On a dit depuis *égard* et *égardeur*, mots qui se sont conservés dans le langage populaire.

» tendement, a mettre dimence prochain venant, trois
» candelles de chire devant l'ysmaige notre-dame panne-
» tiere. Fait le xix jour de juillet l'an mil iiij$^c$. iiij$^{xx}$. et
» quatre*. »

La dévotion particulière nous est enfin révélée. Nous avons vu un pauvre hère condamné par le Magistrat à brûler devant l'image de Notre-Dame-Panetière une offrande forcée ; laissons marcher le temps, et bientôt, plus d'une fois, nous verrons prosterné aux pieds de l'image qui succéda à la première sous le même nom, le Magistrat lui-même, au milieu d'un peuple en prière.

Cependant la Confrérie allait s'augmentant, en membres comme en ressources. Avant 1450, il était rare qu'elle comptât par an jusqu'à cinq nouvelles entrées : vers 1496, il y avait ordinairement, chaque année, de quarante à cinquante confrères et consœurs nouveaux, et ce nombre s'accrut encore de beaucoup par la suite. Dans le compte de 1425, la recette s'élève à vingt-trois livres parisis : dans celui de 1496, elle monte jusqu'à trois cent quatre-vingt-trois livres, monnaie courante. Il est vrai que les obligations religieuses s'étaient aussi multipliées d'une manière considérable; mais il y avait un produit qu'elles ne pouvaient atteindre, c'était celui des nouvelles entrées. Il consistait pour chaque membre, prêtre ou laïque, nonne ou bourgeoise, seigneur ou vilain, en trente-deux sols parisis ou trente-six sols courans, une fois payés ; produit important qu'on n'assimilera pas à la valeur actuelle du sou, à moins que de commettre une grave erreur**. En

---

\* Archives de la ville d'Aire. Extrait authentique d'un registre aux collations d'offices commençant en 1456. — Pièces justificatives d'un mémoire pour l'Echevinage d'Aire, contre le Bailliage de la même ville ; Paris, 1776 et 1777.

\*\* Le sol courant dont il s'agit ici, ou plutôt le *patart*, était une mon-

1496, avec ces trente-six sols, il y avait de quoi payer neuf journées de maçon ou dix-huit journées de manœuvre, de quoi faire dire dix-huit messes basses ou neuf messes *notées*. Ces évaluations, dont l'exactitude est garantie, sont tirées des comptes mêmes de la Confrérie, à l'époque indiquée.

C'était en cette voie florissante que l'association se trouvait, quand elle pensa à faire faire en sa chapelle « ung tabernacle et nouvel ymaige de nre dame. » Le receveur de la Confrérie porta en dépense, en 1496, avec cette destination, une somme de près de cinquante-six livres[*], qui fut reportée en recette dans le compte subséquent[**], ce qui prouve que l'exécution de ce projet avait été ajournée, du moins en partie, et à la vérité il y avait matière à remise.

On était en effet arrivé à cette époque où le Chapitre d'Aire, sentant son église défaillir, s'était déterminé à la reconstruire en entier. Il avait commencé son œuvre par la partie orientale. Des piliers du chœur s'élevaient, et des murs aussi, dessinant la place de quelques-unes des chapelles qui devaient le ceindre. La Confrérie de Notre-Dame-Panetière fut appelée à concourir pour sa part dans ces travaux. Elle accorda vingt-quatre livres à la construction du chœur même en 1496[***]; et le 27 octo-

---

naie que l'ordonnance de Maximilien et de Philippe-le-Beau, du 14 décembre 1489, avait réglée à six deniers argent le roi, et de six sols huit deniers de taille au marc de Troye. ( *Ordonnancien, etc.; le Ghendt*, 1559).

[*] Compte de l'année finissant au 15 août 1496. Avant-dernier chapitre des mises.

[**] Même compte; même chapitre, aux notes de la marge. Le compte de 1497 est perdu.

[***] *Notice historique sur l'église de St.-Pierre d'Aire*, par M. François Morand; ouvrage actuellement en cours de publication.

bre 1497, elle résolut en assemblée « de prendre et accep-
» ter pour la chapelle de ladite Confrerie, la chapelle qui
» est au nouvel ouvrage de l'église St-Pierre, derriere le
» cœur, auprez de la chapelle de Simon Coquelle\*. » Ce
que le Chapitre concédait sous le nom de chapelle, c'était la
place pour en faire une, cinq pans de muraille élevés à hauteur
de voûtes. Les confrères n'en désiraient point davantage ;
mais ils demandèrent, en raison des fortes sommes qu'ils
allaient exposer, d'être réputés fondateurs de la chapelle,
et de pouvoir y poser un marbre où serait gravée la mention
de l'octroi et de la fondation, pour le plus grand bien de
la Confrérie\*\*.

En moins d'un an, et avant le 15 août 1498, ils font
faire la charpente de la chapelle, et sa toiture d'ardoises
et de plomb, ainsi que la toiture de tuiles de la carolle
correspondante\*\*\*. Dans les années suivantes on bâtit les
voûtes de la chapelle et de la carolle, et l'on s'occupe des
verrières, dont l'une avait été donnée par le bailli du Chapitre, Baudrain de Mernes. En 1500, on pose un simple
autel, auquel on en substituera bientôt un sculpté, et on
ferme la chapelle d'une clôture en menuiserie, qui sera
remplacée vingt-quatre ans plus tard par une riche clôture
en cuivre\*\*\*\*. En 1501, on pave la chapelle en carreaux de

---

\* Arch. du chap. d'Aire, liasse n° 268; acte de délibération de la confrérie.

\*\* Ibid.

\*\*\* On appelait proprement *carolles*, le prolongement des nefs laté-
rales autour de l'abside.

\*\*\*\* Compte de 1525 : « Paiet a jan Maldefrée fondeur de cuivre demeu-
rant a Tournay, pour le cloture et chandelabre qu'il a faict et assis a la
chapelle de lad. confrairie, chincq cens chincquante livres » , et huit
livres de supplément, pour avoir mis dans son travail, 309 livres de métal de plus que le devis ne portait.

Marquise; on travaille encore à son embellissement, ainsi qu'en 1502\*. Enfin le nouveau tabernacle revient à la pensée des confrères, et cette fois c'est pour se le procurer.

Il fut posé en 1503, et coûta alors soixante-onze livres dix sols \*\*. L'insuffisance des détails que les comptes transmettent, jointe à quelques lacunes préjudiciables, nous jette ici dans l'incertitude sur un point important. La nouvelle statue, dont il avait été question en 1496, était-elle comprise avec le tabernacle, dans le prix que nous venons d'énoncer? Ou bien avait-elle été achetée séparément, en l'année 1497, dont le compte ne se retrouve plus? Il est certain que, tout en gardant l'ancienne, qu'ils possédèrent long-temps encore, les confrères s'en étaient donné une autre; il n'y a de doute que sur l'année qu'ils le firent, et encore voit-on, par la quittance suivante, qu'en 1510 l'infidélité était accomplie:

« Je derycq de Berle, paintre connois avoir eu et reçu
» de Jehan de Fiennes reçuveur de la Confrerie nre. Dame
» panetiere, la somme de soisante douses lyvres, a cause
» de marchiet fait avoeucque les pruvost et confreres de la
» confrerie, de paindre le grant ymage de nre. Dame, et
» les angles de a l'entour dudit ymage, et le tabernacle de
» desuz l'otel, en quoy est ledit ymage et angles. De la-
» quelle somme de lxxij lyvres je m'en tien contant et bien
» paiet, en quyte ledit de Fiennes et toux autres a quy
» quytanche en poeult apartenir, themoing mon sygne ma-
» nuel chy mys le xxiiij$^e$. jour d'aust l'an xv$^e$. et dix \*\*\*. »

Suit la signature de Diéryc de Berle. Elle est accompagnée d'un écusson

---

\* Pour tous ces détails, v. les comptes de la Conf. aux années citées.
\*\* Comp. de 1503.
\*\*\* Pièces enfilassées, jointes au compte de 1511.

renfermant trois petits carrés ; plat rébus où il faut voir le jeu de *Berlan*, représenté par les trois cartes que l'on donnait à chaque joueur.

Remarquons qu'il est ici question d'une Vierge sans Christ et entourée d'Anges, et que pour absorber, en 1510, une somme de soixante-douze livres, il faut que De Berle ait eu, dans son travail, beaucoup à peindre en or, beaucoup à dorer ; et si les termes de la quittance n'étaient pas si clairs, s'il y avait possibilité de penser qu'il s'agissait pour lui d'exécuter un tableau, nous insisterions sur la différence qu'il y avait alors entre une *ymage* et une *pourtraiture*.

Quelque porté que l'on soit à conserver des idées dans lesquelles on s'est long-temps bercé, et qui semblent encore plus belles que la vérité alors même que le voile tombe, il serait difficile de ne point reconnaître dans les termes de la quittance de 1510 la madone qui s'acquit plus tard une si grande vénération, notre madone d'aujourd'hui, celle de 1641, celle qu'en 1669 on dépeignait ainsi : « *Cette image est de la grandeur d'un homme au naturel, taillée en bois, fort bien, et entièrement dorée d'or poli\*, une couronne\*\* sur la tête, avec les mains jointes\*\*\*, accostée de petits anges de taille tout dorés, dont les uns élèvent la Vierge au ciel, et les autres s'en réjouissent avec des instrumens musicaux\*\*\*\*.* »

Devant cette identité dans les rapprochemens, quelle créance accorder à la *tradition* qui fait venir de Térouane, lors du sac de 1553, la statue actuelle ? Si cette tradition,

---

\* A l'exception de la tête, des mains et des pieds.

\*\* Non à demeure. On mettait primitivement à cette statue des couvre-chef et des couronnes de roses. (Comptes de la Conf. N.-D.-P.)

\*\*\* Pour *joignant les mains*.

\*\*\*\* *Mémoires manuscrits* de 1669.

que nous ne trouvons relatée que dans les notes historiques de deux personnes existantes *, ( et qui n'en serait pas meilleure pour avoir des caractères un peu plus anciens ), disait seulement, dans son principe, que la statue vient de Térouane, y a été faite, rien ne s'opposerait à la croire ; mais on a des motifs plus que suffisans pour ne la pas accepter ainsi qu'elle se présente. Les comptes de la Confrérie, de 1550 à 1560 et postérieurement, sont parfaitement complets. On n'y trouve pas la moindre dépense extraordinaire justificative, point de transport de statue, point de changement, point de nouvelle décoration de tabernacle, point d'inauguration. Il serait inutile d'insister davantage sur des indices dont le lecteur appréciera toute la gravité ; il est temps de sortir du cercle aride que l'histoire a trop long-temps tracé autour de nous **.

* Les manuscrits de M. l'abbé Denuncq, et les notes de M. H. Piers sur l'histoire de l'Eglise de Saint-Pierre d'Aire, insérées dans l'*Echo de la Lys*, du 5 janvier 1838.

C'est encore sous l'impression de cette tradition, qu'il ne faudrait pas pour cela croire trop étendue, qu'un curé de Térouane fit copier, il y a de vingt à vingt-cinq ans, la statue de Notre-Dame-Panetière, pour en mettre la représentation dans son église, et fit faire des amulettes de plomb et des images, sur lesquels on lit : *Diva mater panaria o. p. n.* ; *N. D. panetière de Thérouanne* ; *Vraie image de N.-D. panetière, vénérée dans l'église paroissiale de Thérouanne.*

De la témérité dans l'expression d'une prévention, d'un côté, et beaucoup de bonne foi insoucianle, d'un autre, établissent trop bien, malheureusement, les traditions de l'espèce de celle-ci, contre lesquelles il faut toujours se tenir en garde.

** La crainte des longueurs et des inutilités nous empêche également de nous étendre sur les rentes que les XVe, XVIe et XVIIe siècles virent donner en bon nombre à la Confrérie, ainsi que sur les messes et prières fondées dans la chapelle. Il est cependant une fondation qui mérite d'être citée : c'est celle qui se fit, en 1524 et 1525, d'un *Salve Regina* quotidien, qui se chanta dans ladite chapelle jusqu'à la Révolution, et auquel devaient assister le maître du chant de la collégiale, les enfans de chœur

Le 5 octobre 1594, la Confrérie de Notre-Dame-Panetière fut reconnue par une bulle du pape Clément VIII, qui lui accordait de grandes indulgences*. Depuis quelques années déjà, les curés des deux paroisses de la ville recevaient chacun douze deniers pour annoncer au prône, le dimanche avant l'Assomption, les avantages de la Confrérie, et exhorter leurs ouailles à y entrer. Elle était alors, et depuis très long-temps, gouvernée, sous une certaine autorité du Chapitre, souverain administrateur de la chapelle, par un prévôt et par un sous-prévôt, en même temps receveur. Elle comptait dans ses rangs nombreux des seigneurs de distinction, parmi lesquels nous citerons Claude de Saint-Omer, seigneur de Renescure, et Louis de Saint-Omer, seigneur de Robecque, qui s'étaient fait inscrire en 1581 et 1583 avec d'autres membres de la même famille**. C'est entre 1594 et 1641 que la dévotion des Airiens pour la belle statue de la Confrérie grandit au point qu'ils finirent par y voir leur palladium***.

---

et six vicaires. On fit courir à cette fin, dans le Chapitre et par la ville, une liste de souscription qui se conserve encore. (Arch. du Chap. Liasses nos 272 et 308.)

\* Ms. de 1669. — *Calendrier* imprimé à la suite du Manuel de la Confrérie de la Sainte-Agonie, érigée en l'église collégiale d'Aire ; 4me édition. Saint-Omer, 1740.

En 1711, la chapelle de N.-D.-Panetière devint en possession des indulgences de l'autel privilégié, attachées antérieurement à cette époque à la chapelle de Saint-Jacques.

\*\* Comptes de la Confrérie N.-D.-P.

\*\*\* Dans cette même période, en 1612, François de la Tramerie, baron de Roisin, gouverneur d'Aire, fut inhumé, selon son désir, dans la chapelle de N.-D.-P. (Arch. du Chap. d'Aire, Petit obituaire de la Collégiale. Registres aux actes du Chapitre, tome V.)

Quand le premier siège de 1641 arriva, il y avait environ huit ans que le Magistrat et le peuple d'Aire avaient entendu avec plaisir un jésuite nommé Vincart, dédier, dans ses prédications, leur ville à Notre-Dame-Panetière*. On connaît la résistance héroïque des assiégés des deux sexes et de tout âge, que l'odeur du sang et la défense de leurs biens animèrent moins encore que les passions religieuses continuellement surexcitées**. Un autel avait été dressé dans la croix de l'église de Saint-Pierre; le 26 mai, au retour d'une procession générale, on y déposa, au pied du Saint-Sacrement, les clefs de la ville***, qui furent aussi offertes à Notre-Dame-Panetière****. Cette statue, toutefois, ne résuma pas à elle seule, pendant le siège, le culte de la Vierge chez les Airiens; elle le partageait avec Notre-Dame d'Aire, dans l'église de ce nom, et Notre-Dame-de-Foy, que les religieux de Ruisseauville, réfugiés à Aire, y avaient transportée temporairement*****.

Le 13 juin, comme les Français battaient de leurs ca-

---

\* *Bellum septimestre, sive Aria à Gallis obsessa, moxque ab Hispano recuperata*; auctore Humetzio, presbytero Ariensi. Audomari, 1644.

\*\* Dom Devienne, *Histoire d'Artois*, tome 5.

\*\*\* *Bell. sept.*

\*\*\*\* Ms. de 1669.—*Calendrier* cité.

\*\*\*\*\* *Bell. sept.*

Les religieux de Ruisseauville étaient réfugiés à Aire avec leur statue, depuis 1635. Le 22 juin, ils acceptent du Chapitre la chapelle de Saint-Arnoul, en la collégiale, pour y remplir à voix basse, durant le temps de leur refuge, les offices de leur ordre, y placer N.-D.-de-Foy, un tronc, et une table où pouvoir exposer pour la commodité des pèlerins et autres fidèles, images, croix, médailles, couronnes, rosaires et autres objets *permis et honnêtes*: « Mensam pro exponendis imagini- » bus, crucibus, medaliis, coronis, rosariis, et aliis licitis et hones- » tis, ad commoditatem peregrinorum et aliorum fidelium habere. » (Registres aux actes du Chapitre d'Aire, tome VI.)

nons la partie sud-est de la ville, quelques boulets vinrent frapper l'église collégiale ; c'étaient de lourds projectiles du poids de quarante-deux livres. La chapelle de Notre-Dame-Panetière s'écroula sous les premières décharges *. La statue, dit-on, n'en souffrit rien ; et quand on s'occupa de déblayer les décombres, le bruit se répandit par la ville qu'on avait retrouvé entière sous les ruines la lampe de verre qui pendait devant l'image au moment du désastre : « les voûtes de pierres s'étaient écroulées sur le vase fragile sans le casser, sans l'ébrêcher **. » Il fut alors jugé prudent de transporter la statue de Notre-Dame-Panetière dans le couvent des Capucins ***, qui était devenu une véritable trésorerie. Elle y rejoignit, entre autres reliques, la belle châsse d'argent des Saints Lugle et Luglien, de Lillers, qu'avait somptueusement fait faire Isabelle de Portugal, femme du duc de Bourgogne Philippe-le-Bon ****.

---

\* Reg. aux act. du Chap. t. VI.

\*\* Ms. de 1669.—*Calendrier.*—*Bell. sept.*

« Cœterum nihil æquè Mariæ patrocinium ostendit, quàm Virginis
» Panariæ lampas vitrea, quæ cum sacelli fornice decussa, inter ruinas
» lapidumque ingentium acervos, integra illæsaque reperta est. »

\*\*\* Reg. aux act. du Chap. ; tom. VI. Délibération du 28 février 1642.
La rédaction de cet acte contient un double sens : la statue avait été emportée de l'église « *pendant le siege des François* », et l'on ne sait s'il s'agit du siége de la ville par les Français, ou du siége des Français par les Espagnols. En adoptant la première signification, nous ne *traduisons* pas au hasard ; nous avons égard à la même expression employée en des passages non douteux par le même secrétaire.

\*\*\*\* La châsse des saints Lugle et Luglien fut confiée aux Capucins d'Aire, par le chapitre de Lillers, de 1636 à 1660. Après la paix des Pyrénées, les habitants de Lillers vinrent processionnellement en notre ville rechercher les reliques de leurs patrons. (*Vie des saints frères Lugle et Luglien, patrons de la ville de Lillers en Artois, par un religieux de l'ordre de Saint-Dominique.* Petite brochure de vingt pages sans nom de lieu ni date d'impression, mais évidemment du 18e. siècle.)

Aire prise, le maréchal de la Meilleraye se rendit à l'église de Saint-Pierre, à la tête de la noblesse, pour rendre graces à Dieu de la victoire. L'histoire de la lampe s'était répandue ; les vainqueurs donnèrent deux canons pour venir en aide, par cette offrande, à la reconstruction de la chapelle ruinée[*].

L'année 1641 ne s'était pas terminée sans voir rentrer la ville d'Aire sous la domination de la maison d'Autriche. Le 28 février 1642, les Chanoines prirent la résolution, « pour tant plus honorer l'image de Notre-Dame-Panetiere et exciter le peuple à dévotion » de la reporter en leur église. Ils durent l'aller chercher en corps et en procession le 9 mars, premier dimanche de carême, et chanter au retour une messe votive de Notre-Dame[**]. On s'occupa ensuite de la réédification de la chapelle. En 1646, quand elle fut terminée, un autel, par suite d'une délibération capitulaire[***], fut élevé au milieu de la nef de la Collégiale; il était dominé par une pyramide sur laquelle on plaça, le 16 mai, la statue vénérée. Alors commença une *neuvaine*, pendant laquelle fut chantée chaque jour une grand'messe, suivie de l'offre que faisait d'un cierge, à Notre-Dame-Panetière, le corps ou la personne au nom de qui la messe avait été célébrée ; le soir avait lieu une courte prédication, puis la bénédiction du Saint-Sacrement. La première messe fut chantée au nom du Chapitre par le doyen;

---

[*] Nous n'avons pu jusqu'ici trouver de documens bien précis sur ce fait, sujet en partie à controverse. Les annalistes locaux que nous avons consultés sont loin d'être clairs en cet endroit, et les comptes et *munimens* de la Confrérie N.-D.-P., en indiquant les deux canons, ne mentionnent pas les donateurs.

[*] Reg. aux actes du Chap. tome VI.

[**] *Ibid.*

les Jésuites se chargèrent de la seconde ; les autres furent dites pour les corps et les personnages suivans, dans l'ordre que la liste indique :

Le Gouverneur de la ville (*Berwout*).

Les Officiers du Roi.

Le Magistrat régnant (les mayeur et échevins.)

Le Vieux Banc (les jurés.)

La *Sodalité* (communauté) des gens mariés.

La *Sodalité* des jeunes gens, dont la messe fut dite par le Prélat de Saint-Augustin-lez-Térouane.

Les Paroissiens de Notre-Dame.

Le neuvième jour, dans l'après-midi, on fit une procession solennelle par le Marché ; la statue de Notre-Dame-Panetière y paraissait, montée sur un char de triomphe dont elle ne descendit que pour aller prendre possession de sa nouvelle demeure.

Grâce aux canons offerts, au legs important que fit un chanoine\*, à d'autres dons, et au concours de la Confrérie, l'argent avait abondé pour relever la chapelle, et elle

---

\* Le chanoine Pierre Framery, mort en 1642, avait, par son testament, laissé le tiers de ses biens pour la reconstruction de la chapelle N.-D.-P. (Reg. aux actes du Chap. t. VI.) La *Notice historique* sur la Collégiale d'Aire, après avoir relaté ce fait, ajoute qu' « une dame d'Alencourt voulut aussi pourvoir à la décoration de la Chapelle, en offrant d'en rétablir *la* verrière, et d'y faire peindre au milieu l'image de N.-D.-des-Sept-Douleurs. » Nous regrettons d'avoir à relever une erreur au milieu de ce précieux ouvrage, plein de recherches savantes, et le plus souvent d'une scrupuleuse exactitude. C'est la verrière de la *Chapelle de N.-D.-des-Sept-Douleurs* que la dame d'Alencourt offrit de rétablir ; le Chapitre accepta cette proposition le 27 avril 1650. (Reg. aux actes, t. VI.) La chapelle de N.-D.-des-Sept-Douleurs était alors dans le bras méridional de la croisée de l'église. (Arch. du Chap. ; Litteræ consecrationis duodecim altarium ab episcopo Audomarensi, mense julii 1620.)

n'avait fait que gagner à sa réédification. Elle était maintenant close, depuis 1645, d'une fort belle balustrade de marbres de prix*, couronnée de l'antique et jolie statue de Notre-Dame-des-Neiges, en marbre blanc, et de deux urnes de même matière sur l'une desquelles étaient gravés cinq pains entre les mots CONFRATERNITAS PANARIA et les monogrammes de Jésus-Christ et de la Vierge; au revers de la même urne se trouvaient les symboles de Bauduin Deslions, chanoine, prévôt de la Confrérie. On lisait sur la seconde, au revers des mêmes symboles :

DEO

OPT. MAX.

VIRGINI

MATRI

PANARIÆ

CONFRATERNITAS

D. C. Q.

La statue de Notre-Dame-Panetière se dressait encore majestueuse sur ses anges dorés, et le faîte de la chapelle supportait, en devise du bronze destructeur et réparateur, la représentation d'un canon, avec ces mots :

VULNUS OPEMQUE TULIT**.

On éleva bientôt après, contre les murs extérieurs de la chapelle, un petit bâtiment auquel fut donné le nom de sacristie de Notre-Dame-Panetière. C'est dans cette sacristie (*sacrarium*), et non dans la chapelle même (*sacellum*),

---

\* Cette balustrade existe encore.

\*\* Ms. de 1669 et *Calendrier*. — L'effigie du canon et la devise, qui avaient disparu pendant la Révolution, ont été rétablies en 1805 ou 1806.

que furent vérifiés, le 3 avril 1656, les ossemens très douteux de Pépin-le-Bref et de Bertrade*.

Quelques jours après la réinstallation que nous avons rapportée plus haut, les Chanoines d'Aire résolurent, d'un accord unanime, « en preuve de leur dévotion », d'entretenir à leurs frais dans la chapelle, un candelabre et son cierge, pour servir aux jours de fête et le samedi de chaque semaine. Et au mois de mai 1647, comme ils avaient vu dans la protection de Notre-Dame-Panetière, la cause qui avait préservé la ville, des maladies contagieuses qui s'étaient répandues autour d'elle peu de temps auparavant, sans en franchir l'enceinte, ils s'efforcèrent d'en témoigner leur gratitude, en recommençant des cérémonies analogues à celles de l'année précédente. Il paraît que le jésuite Desnourrices** avait été chargé des prédications de la neuvaine de 1646, et qu'on s'était plû au débit de son style prétentieux et recherché, car les chanoines le prièrent de vouloir bien encore entreprendre celle-ci***. Or, cette année, le prédicateur stationnaire était un capucin, et comme la clôture des exercices religieux arrivait un dimanche, c'eût été méconnaître ses droits et son talent que de faire prêcher ce jour-là par un autre ; c'est ce que le révérend père gardien vint remontrer *en toute humilité* au Chapitre, et les Chanoines résolurent que la cérémonie se terminerait sans

---

* Reg. aux actes du Chap., t. VII.
Hennebert (Hist. d'Art., t. II.) ne se trompe pas moins sur le lieu et sur la date, que sur le résultat même de la vérification.

** Auteur d'un petit volume très-rare : *La vie et les vertus de sainct Florent, martyrizé proche de la ville d'Aquila ; dont les sacrées reliques sont honorées en l'église du college de la Compagnie de Jésus, en la ville d'Aire.* Saint-Omer, 1654.

*** Reg. aux actes du Chap.; t. VI.

sermon, puisqu'ils ne pouvaient avoir celui du père Desnourrices sans froisser l'ordre de Saint François\*.

En 1652\*\*, la ville ayant de nouveau attribué à Notre-Dame-Panetière l'affranchissement d'un fléau pestilentiel qui y avait pourtant causé quelque deuil, les dévotions d'actions de grâces recommencèrent avec éclat. On remarqua, parmi les offrandes, celle que le Gouverneur, les Officiers du Roi et le Magistrat firent, au sortir d'une messe solennelle, d'une lampe d'argent artistement travaillée, dans laquelle fut mise la petite lampe de verre, qui avait survécu d'une manière si extraordinaire aux sièges de 1641. Une inscription chronographique était gravée sur le métal :

Mariæ Virgini panariæ peste eXpVLsa senatVs popVLVsqVe arIensIs appenDerVnt\*\*\*.

Mais ce fut surtout de 1667 à 1669 que le culte de Notre-Dame-Panetière fut remarquable par l'appareil qui y fut déployé.

La première de ces années, comme la peste qui régnait dans les environs menaçait d'étendre ses ravages sur Aire, les Chanoines prirent une délibération par suite de laquelle, dès le 7 août, était élevé dans la nef de la collégiale, et sur seize degrés, un autel splendide sur lequel figurait en première ligne la statue de Notre-Dame-Panetière\*\*\*\*. Ce même jour, les Chanoines y firent chanter une messe solennelle ; les officiers du Bailliage et le Magistrat firent chanter

---

\* *Ibid.*

\*\* On lit dans le manuscrit de 1669 : « L'an 1651, *ou environ*, la peste s'étant écoulé dans cette ville..... » Le chronographe que nous rapportons plus bas donne 1652 comme la date de l'expulsion du fléau.

\*\*\* Le *Calendrier* rapporte ce chronographe, mais il commet une erreur en l'appliquant aux évènemens de 1647.

\*\*\*\* Reg. aux actes du Chap. ;·t. VII. — Ms. de 1669.

la leur les jours suivans ; puis, sans compter les personnes que leur position mettait à même de faire cause à part, ce fut le tour de chaque rue de la ville, de chaque corps de métiers, des hommes mariés réunis en corps, des femmes, des veufs, des garçons, des filles, et même des servantes\*. Il est inutile de dire que les offrandes abondèrent comme les messes. On veilla de nuit dans la chapelle pendant une partie de l'hiver \*\*.

Cependant la peste fit des victimes à Aire, et les Chanoines n'étaient pas plus rassurés qu'il ne faut \*\*\*. C'est pourquoi ils députèrent, le 7 novembre 1668, deux des leurs vers le Magistrat assemblé en halle, pour convenir de quelques points de dévotion ; voici ce qui en résulta :

Le jour de la Conception de la Vierge, devant l'image remise dans la nef, fut chantée en toute solennité une messe à laquelle officiait le doyen du Chapitre, Jean de Cléty, en l'absence du prévôt de la Collégiale, Charles de Noyelles. Le Chapitre et le Magistrat y assistaient en corps ; et à l'offertoire, le grand-chantre, s'étant avancé vers le doyen, prononça à haute voix ce vœu formulé à l'avance :

« In nomine Patris, et Filii et Spiritûs Sancti.

» Nous Doyen et Chapitre, Maïeur et Eschevins de la

---

\* Les servantes de la ville, *tant des chanoines que des bourgeois*, formaient une espèce de corporation, sous le patronage de Ste.-Marthe. (Voyez reg. aux actes du Chapitre, tome VII, f° 194, v°.)

\*\* Reg. aux actes du Chap., tome VII.—Comptes de la Conf. N.-D.-P.

\*\*\* Reg. aux actes du Chap., tome VII. Dans le mois de janvier 1669, les chanoines ordonnent à un de leurs confrères, en même-temps curé de Saint-Pierre, de garder la maison trois semaines, à peine de quarante florins d'amende, parce qu'il était entré dans la maison d'un pestiféré. Et neuf jours après cette défense, ils ne lui permettent de revenir s'acquitter de ses fonctions en l'église que sur l'avis du docteur, « *qui a déclaré n'y avoir péril.* »

» ville d'Aire, avec les Jurez au Conseil, tant en nostre
» nom que des bourgeois et habitans de ceste ville et ban-
» lieue, et de chacun respectivement nos supposts et sub-
» jects, supplions en toute humilité Nre-Dame-Panetiere,
» patrone tutelaire de ceste ville, de nous délivrer par son
» intercession auprès de Dieu, du présent fléau de la peste,
» promettant et vouant qu'aussitôt que nous en serons
» affranchis totalement, en mémoire et recognoissance de
» ce bénéfice, nous ferons chanter une messe solemnelle
» à l'honneur de la saincte Vierge, avec une procession
» géneralle en laquelle sera portée son image, et présen-
» terons, à l'offertoire d'icelle messe, chacun des dits
» corps, un cierge ; et nous Maïeur et Eschevins avec les
» Jurez au Conseil en corps, recevrons le S. Sacrement de
» l'autel de la main de celuy quy célébrera ladite messe,
» ce que nous promettons de continuer l'espace de dix
» ans à pareil jour, ou le plus voisin que faire se pourra, à
» la réserve néantmoins de la procession génerale, et du
» port de l'image de la Vierge, au lieu de quoi, à la messe,
» se chantera le TE DEVM. »

Quand le chantre eut fini, il offrit un cierge, au nom du Chapitre, pour marque de la sincérité du vœu ; le lieutenant du mayeur l'imita au nom du Magistrat, « et le doyen accepta l'offrande et le vœu de la part de Dieu et de la Vierge*. »

La messe votive de la délivrance de la peste fut célébrée le jour de Saint Jean-Baptiste, 24 juin 1669, après la messe ordinaire du chœur ; et l'après-midi, les vêpres chantées, on fit une procession générale où fut portée Notre-Dame-Panetière**.

* Reg. aux actes du Chap., tome VII.
** Ibid.

Tandis que la vénération envers la statue était à son apogée, et se traduisait en croix d'or, en bagues et en d'autres offrandes, la Confrérie s'avouait dépérir, et se débattait dans son impuissance à redevenir ce qu'elle avait été *. Ses revenus propres étaient devenus extrêmement minimes, par suite d'un affaiblissement continu dans la valeur des monnaies. Un très-petit nombre de personnes se faisaient inscrire en l'association, et le prix de la nouvelle entrée était resté fixé à trente-six-sols, monnaie d'Artois, malgré l'exiguité de cette somme, en comparaison de la valeur des trente-six sols courans, perçus au quinzième siècle.

Nous laisserons s'écouler près de cinquante ans, pendant lesquels la ville d'Aire était, d'espagnole, devenue française. Louis XIII, par une déclaration de 1638, avait institué dans chaque endroit de son royaume une procession annuelle le jour de l'Assomption, en consacrant à la Vierge « sa personne, son état, sa couronne et ses sujets **. » Le 5 août 1682, Louis XIV avait écrit à l'évêque de Saint-Omer qu'il voulait que cette déclaration fût aussi observée dans les lieux qu'il avait conquis ou qui lui avaient été cédés, et depuis lors la ville d'Aire faisait en grand apparat officiel, à l'issue des vêpres, le jour de l'Assomption, la procession générale ordonnée par Louis XIV, au souvenir de son père***. L'image de Notre-Dame-Panetière y paraissait-elle ordinairement ? Rien ne porte à le penser.

---

\* Compte de la Confrérie N.-D.-P., de 1670 à 1673.

« Item, ayant esté exhorté le peuple à s'enroler en la Confrérie, *qui vat fort en diminution*, at esté receu de Florence Monsigny... »

\*\* Lettre de Louis XIV à l'évêque de Saint-Omer.

\*\*\* Depuis très-longtemps on faisait une procession à Aire le jour de l'Assomption, mais elle devint *officielle* en 1682.

Ce qu'il y a de certain, c'est qu'en 1718, le Chapitre ayant consenti, à la prière des principaux bourgeois, à la faire descendre pour la porter à la procession du 15 août, les vicaires-généraux de Saint-Omer s'y opposèrent, et après différens pourparlers les Chanoines obéirent à l'injonction*. Il fallut attendre, pour porter Notre-Dame-Panetière, la procession du jour de l'octave, jour choisi par le Corps de la ville pour renouveler annuellement ses vœux à la Vierge devant sa statue renommée. Cent ans auparavant, les choses ne se seraient pas ainsi passées, et le Chapitre aurait résisté à l'évêque lui-même. Mais, pour nous servir de l'expression aussi singulière que vraie de l'original abbé Thiers, le temps n'était plus où les Chapitres faisaient la barbe aux évêques : le règne de Louis XIV avait changé les rôles.

A la procession séculaire de 1738, qu'une ordonnance de Louis XV avait réglée plus belle que d'ordinaire, nos Chanoines résolurent, en ce qui les concernait, de marcher en chapes, et de faire porter l'image de Notre-Dame-Panetière, ainsi que les reliques de Saint-Jacques et de Saint-Adrien. Ils prièrent en même temps l'abbé de Monchy, leur prévôt, de prendre les mesures générales avec le commandant de la ville et le Magistrat**. Il était alors de coutume que les Échevins portassent, au moins à la procession de l'Assomption, le dais du Saint-Sacrement. D'un privilége honorifique d'abord, les idées du siècle avaient fait une charge gênante dont les Échevins résolurent bientôt de s'affranchir. Ainsi les vit-on, le 15 août 1743, se substituer, *de leur autorité*, huit portefaix pour remplir leur office***. Le courroux du Chapitre fut grand ; les Chanoi-

---

* Reg. aux actes du Chap., tome IX.
** Reg. aux actes, tome X.
*** *Ibid.*

nes se prétendirent lésés dans leurs droits et protestèrent.

En 1740, après un hiver des plus rigoureux, pendant lequel la campagne avait beaucoup souffert, la famine se fit sentir. D'un autre côté, la saison se présentait si mal, qu'on craignait une position plus difficile encore ; l'évêque de Saint-Omer ordonna des prières dans son diocèse. Dans ces calamités, la ville d'Aire se ressouvint de sa patrone.

Le 29 mai, la statue de Notre-Dame-Panetière quitta encore une fois sa chapelle pour devenir de nouveau l'objet des vœux des Airiens, sur un autel élevé au milieu de la grande nef de l'église de Saint-Pierre, avec la permission du Chapitre. Le clergé d'Aire célébra ensuite une messe qu'entendirent le corps du Baillage et celui du Magistrat, ainsi que les écoliers des Jésuites et une grande partie de la population. Le 6 juin, par mandement de l'évêque accordé sur la requête des habitans, il y eut une procession publique si nombreuse, qu'on ne se souvenait pas d'en avoir vu de telles\*.

Vers trois heures de l'après-midi commencèrent à se mouvoir dans une double ligne formée des troupes de la garnison sous les armes, les confréries, corps et métiers, les sodalistes et écoliers des Jésuites, les Capucins, le Chapitre assisté du clergé de la paroisse Notre-Dame, et les corps du Baillage et du Magistrat, suivis du reste de la ville et d'une grande quantité des habitans de la banlieue et des villages voisins.

Six chanoines portaient la célèbre châsse de saint Jacques ; et les membres de la confrérie de saint Adrien, habillés de blanc, le riche reliquaire de ce saint, copié sur celui de saint Maurice, de Lille.

---

\* *Calendrier* déjà cité, imprimé à Saint-Omer en 1740.

Vingt-six portefaix *, habillés à la romaine, et couronnés de lauriers qu'avaient tressés les religieuses Pénitentes, soutenaient alternativement l'Image de Notre-Dame-Panetière, somptueusement parée de dentelles et de pierres fines, et d'un manteau d'azur brodé de lis d'or ; elle était précédée de sa bannière, et de plus de mille personnes portant flambeaux. Et toute cette masse était semée d'enfants habillés en saints, en saintes et en anges.

On ignore qui fut chargé de porter le Saint-Sacrement. On sait seulement que l'abbé de Monchy, prévôt, n'ayant pu s'acquitter de cette fonction pour cause d'infirmité, suivait le dais avec le double rochet et la croix pectorale.

La procession s'avança par les rues de Saint-Pierre, d'Arras, du Gouvernement, traversa la Place, entra dans l'église de Notre-Dame, et continua son tour par la rue de Brabant et celle de Saint-Omer, où elle posa quelques instans dans l'église des Jésuites. Il y avait d'ailleurs des reposoirs dans chaque rue.

« L'Image de la Vierge demeura exposée avec éclat
» jusqu'au 15 de juin ; pendant ce temps on offrit des
» sacrifices de toute part. Les Prieur et Religieux de
» Saint-André-lez-Aire vinrent en corps processionnelle-
» ment rendre leurs hommages avec grande édification ;
» les R. P. Capucins les imitèrent, comme aussi les
» Sodalistes de tous rangs et de toutes conditions qui se
» trouvoient sous la direction des R. P. Jésuites. Toutes
» les Confréries, Corps et Métiers s'étoient prévenus
» les uns les autres pour pouvoir alternativement implorer

---

** Ces portefaix avaient tous communié le jour même, à une messe qui s'était dite, à cette fin, au chœur de la collégiale.

» les secours de cette Sainte Mère. Les Saluts, qui se
» célébroient journalièrement par le Chapitre, où le
» corps assistoit en habit d'Eglise, étoient des plus
» solennels, avec grand concours de peuple qui y assis-
» toit avec grande dévotion. Le Senat de la Ville vint en
» corps faire chanter la Messe pour la clôture de la céré-
» monie, avec le même zèle qu'il étoit venu pour
» l'ouverture *. »

Si l'on nous demande ici ce que fut à Aire l'hiver de 1740 à 1741, il faudra bien que nous répondions que la famine continua d'y sévir.

Vint la Révolution. La Confrérie de Notre-Dame-Panetière disparut pour ne plus se reformer, et sa statue fut alors vendue à l'encan avec une partie du mobilier de la chapelle, dans le chœur de la ci-devant collégiale. Elle fut achetée, en secondes mains, au même lieu, comme bois à brûler, par un garçon-boulanger qui veillait sur elle. Sans un assignat de dix livres et un pieux mensonge, nous aurions à déplorer aujourd'hui la perte de cette grande et belle statue de chêne, non moins précieuse sous le rapport de l'art que par les souvenirs qui s'y rattachent. Le garçon boulanger (M. *Cadart-Salon*)** la transporta chez son patron (M. *Magniez*), qui demeurait à l'angle de la rue de Saint-Omer et de la Croix-au-Pain, et qui s'associa à l'œuvre conservatrice, en gardant chez lui l'objet proscrit et compromettant. On montre encore aujourd'hui l'endroit où fut murée la statue pendant

---

\* *Calendrier.*

\*\* C'est de M. Cadart même, actuellement marchand-quincaillier dans la rue des Hallettes, que nous tenons les renseignemens qui le concernent.

les temps les plus orageux d'un état de choses qui ne roula pas moins sanglant sur Aire * que dans le reste du nouveau département du Pas-de-Calais.

Enfin sonna l'heure de la réouverture des églises. Le 8 septembre 1802 (nativité Notre-Dame), la précieuse image rentra processionnellement dans l'ex-collégiale, au milieu d'une foule joyeuse et recueillie. Après quelques jours d'exposition elle fut placée, pour y demeurer, dans la chapelle la plus orientale de l'entour du chœur, à l'ornementation de laquelle on travaille depuis plusieurs années.

La nouvelle chapelle est contiguë à l'ancienne. Celle-ci est devenue, depuis 1805, la chapelle de la Sainte-Agonie :

« CHRISTO FILIO CEDIT LIBENS MATER. »

Alors, paraît-il, les mères étaient en train de céder leur place. Par un singulier rapprochement, Notre-Dame-Panetière occupait elle-même, comme elle occupe encore, l'ancienne chapelle de Sainte-Anne.

---

* *Mémoire justificatif des Membres du Comité de surveillance de la commune d'Aire* ; daté du 10 prairial an III. Saint-Omer, imprimerie de H. Fertel.

*Réponse au Mémoire des Membres du Comité de surveillance d'Aire.* Saint-Omer ; Fertel.

---

Douai.—ADAM D'AUBERS, imprimeur. (Août 1844.)

www.ingramcontent.com/pod-product-compliance
Lightning Source LLC
Chambersburg PA
CBHW060914050426
42453CB00010B/1716